CATALOGUE

D'UNE

BELLE COLLECTION

DE TABLEAUX

DE MAITRES DU PREMIER ORDRE,

des Écoles Flamande, Hollandaise et Allemande.

EXPOSITION PUBLIQUE

en même temps que les Curiosités chinoises,

Les samedi 10 et dimanche 11 janvier 1846, de midi à 4 heures.

PARIS

IMPRIMERIE ET LITHOGRAPHIE DE MAULDE ET RENOU,
Rue Bailleul, 9 et 11, près du Louvre.

1845

CATALOGUE

D'UNE

BELLE COLLECTION

DE TABLEAUX

DE MAITRES DU PREMIER ORDRE,

des Écoles Flamande, Hollandaise et Allemande,

ET DE QUELQUES MAITRES FRANÇAIS ET ITALIENS

qui composent le Cabinet de feu M. DE GUIGNES,

ancien Résident et Consul général de France à la Chine,
Correspondant de l'Institut,

DONT LA VENTE AURA LIEU,

Le samedi 17 janvier 1846, heure de midi,

RUE DES JEUNEURS, 16,

SALLE N. 2,

Par le ministère de Me BONNEFONS DE LAVIALLE,
Commissaire-Priseur, rue de Choiseul, n° 11,
Assisté de M. DEFER, Expert, quai Voltaire, n° 19,
Chez lesquels se distribue le présent catalogue.

EXPOSITION PUBLIQUE

en même temps que les Curiosités chinoises,

Les samedi 10 et dimanche 11 janvier 1846, de midi à 4 heures.

PARIS,

IMPRIMERIE ET LITHOGRAPHIE DE MAULDE ET RENOU,
Rue Bailleul, 9 et 11, près du Louvre.

1845.

CONDITIONS DE LA VENTE.

Les Objets seront vendus dans l'ordre numérique.

Il sera perçu cinq pour cent en sus des adjudications.

CE CATALOGUE SE TROUVE A L'ÉTRANGER,

A LONDRES, { chez MM. COLNAGHI, Pall-Mall, east 14.
SMITH, Lille street Leicester, square, 24.
GRAVES, Pall-Mall.
A MANHEIM, chez MM. ARTARIA et FONTAINE.
A AMSTERDAM, { chez MM. BUFFA.
GRUPTER.
A LEIPSICK, chez M. R. WEIGEL.

AVANT-PROPOS.

Appelés à diriger la vente et à rédiger le Catalogue de cette partie du cabinet de feu M. de Guignes, notre tâche est devenue facile par son goût connu pour les bons tableaux, la bonne direction dans son choix pour former cette jolie réunion, l'élite des peintres hollandais, et le Catalogue consciencieux qu'il a laissé, dans lequel nous avons puisé nos descriptions. Pour rendre hommage à la modestie du propriétaire qui, dans cette rédaction, s'est abstenu de toute espèce de louanges, malgré le mérite de ces tableaux, nous l'avons imité dans cette réserve, nous résumant dans cette seule citation. Tous ces tableaux sont de bonnes et agréables productions du talent des maîtres ci-après désignés, tels que : BACHUYSEN, BEGA, BERGHEM, BERKEYDEN, BREEMBERG, BRIL, CUYP, CARLE DE MOOR, DECTRICK, VAN DER HEYDEN, HOBBEMA, LINGELBAC, MIEL, Guillaume MIERIS, MOUCHERON, PETERS NEEFFS, VAN DER NEER, NETSCHER, POELEMBURG, Paul POTTER, RUISDAEL, TÉNIERS, Adrien et Guillaume VAN DEN VELDE, WEENINX, WOUWERMANS, WYNANTZ, ZORG, et autres peintres distingués des écoles flamande, hollandaise et allemande.

Plusieurs tableaux de maîtres français, dont une belle tête de GREUZE, paysages et sujets de genre des DEMARNE, TAUNAY, SWEBACH, BOILLY et MICHALLON.

Quelques compositions de maîtres italiens et espagnols ;

Sasso Ferrato, G. Poussin, Alex. Véronèse, Zucchero, Carabajal, etc.

Tous ces tableaux, de petite et moyenne dimension, de celle dite de chevalets, proviennent, pour la plupart, de cabinets en réputation d'amateurs français et hollandais.

La vente suivra immédiatement celle de la belle curiosité chinoise formant la première partie du cabinet de M. de Guignes, et dont le Catalogue est publié.

DÉSIGNATION.

1 — SENAVE, peintre français du siècle dernier.

Intérieur de famille, où se voit une mère auprès du feu avec ses quatre enfants en bas âge dont elle déshabille le plus jeune.

Une jeune femme dans son ménage : elle a sur ses genoux un vase de terre, et s'occupe à faire manger deux jeunes enfants qui se tiennent debout devant elle. Une petite fille, assise sur un petit tabouret, est occupée à lire.

Largeur, 15 cent. 5 millim.; hauteur, 13 cent. Tableau sur bois.

2 — CANALETTO ou CANALETTI (Bernardo Belloti), peintre vénitien, né à Venise en 1724, mort à Varsovie en 1780.

Vue de Venise et d'une partie du canal qui traverse cette ville : on voit à droite l'église de la Charité.

Largeur, 21 cent.; hauteur, 11 cent. Tableau sur toile.

3 — GRYEF ou GRIFF (A.-V.-N.), peintre sur lequel on n'a pas de notice; on le croit élève de Snyders.

Groupe de gibiers étendu sur le sol, en avant d'une touffe d'arbres : il est gardé par un chien ; plus loin, un homme assis donne à manger à deux chiens.

Largeur, 26 cent.; hauteur, 20 cent. Tableau sur

4 — STELLA (François), peintre flamand, né dans la ville de Malines en 1563, mort à Lyon en 1605.

L'adoration des Mages. L'un d'eux, prosterné, ayant posé sa couronne à terre, offre à l'Enfant Jésus un plat d'or rempli de pièces du même métal ; derrière lui, les deux autres Mages sont debout : l'un d'eux tient un vase. Le fond du tableau est occupé par les gens de leur suite et par des soldats. Au dessus de la tête de l'Enfant Jésus, l'étoile qui a dirigé la marche des Mages. La Vierge et saint Joseph ont la tête entourée d'une gloire en or.

Hauteur, 21 cent. 5 millim.; largeur, 17 cent., 5 millim. Tableau sur bois de forme octogone.

5 — STELLA (Jacques), peintre français, né à Lyon en 1596, mort à Paris en 1657.

L'éducation de la Vierge. Sainte Anne, assise, fait lire la Vierge qui est debout devant elle, la tête découverte, et enveloppée d'un manteau bleu. (*Collection Beauclas, de Versailles.*)

Hauteur, 34 cent., larg., 24 cent. Tableau sur bois.

6 — ZEEMAN (Réinier).

Vue du Louvre, prise de l'ancienne tour de Nesles, située dans l'emplacement où depuis on a construit le collége Mazarin. On voit la tour du Louvre, ou tour de la Librairie, et, sur la droite, l'entrée de la ville bâtie entre le Louvre et l'hôtel de Bourbon; plus loin, l'église Saint-Eustache. Ce tableau historique est signé et daté de 1650.

Lageur, 76 cent.; hauteur, 45 cent. Tableau sur toile.

7 — TERBURG (d'après Gérard), né à Zwol en 1608, et mort à Deweuter en 1681.

La Leçon de musique. Une jeune demoiselle est assise devant un clavecin sur lequel elle joue, tandis que le maître, debout devant elle, la dirige avec la main. De l'autre côté du clavecin, on voit un jeune garçon qui regarde la demoiselle affectueusement; à droite, une jeune suivante se tient appuyée sur le fauteuil de la jeune personne; au fond de l'appartement, une porte ouverte laisse apercevoir les degrés d'un escalier.

Hauteur, 65 cent.; largeur, 54 cent. Tableau sur toile.

8 — BRIL (Paul), né à Anvers en 1556, mort à Rome en 1626.

Paysage, où se voit un cavalier qui traverse un pont, suivi d'un homme et de trois chiens; ils suivent un chemin tortueux qui conduit à un autre pont au devant duquel s'élève une croix près de laquelle est un autre personnage. A gauche, une cascade qui se précipite d'une montagne ; et, plus loin, divers édifices sur une hauteur. Dans le fond, une rivière qui serpente dans la plaine.

Largeur, 16 cent.; haut., 11 cent. Tableau sur cuivre.

9 — ROTTENHAMER (Jean), peintre allemand, né à Munich vers 1566, mort à Augsbourg en 1604, élève de Donouwer; il acheva de se former à Venise.

Vénus et Adonis. Près de ces deux personnages, assis sur un rocher recouvert d'une draperie, se voit l'Amour qui caresse un chien blanc; deux autres sont de l'autre côté. Le paysage de ce tableau est peint par PAUL BRILL.

Largeur, 23 cent.; hauteur, 17 cent. Tableau sur cuivre.

10 — MICHALLON (Achille-Etna), né à Paris en 1797, mort dans la même ville en 1822.

Le chemin dans le bois. Sur le devant du tableau, un gros arbre dont le tronc est presque découvert, près de là des pierres qui couvrent en partie le terrain, et un chemin qui conduit à travers les arbres à un autre chemin creux qui croise le premier, et sur lequel sont des villageoises et un chien éclairés par un rayon de soleil qui pénètre à travers les arbres.

Hauteur, 35 cent.; largeur, 28 cent. Tableau sur toile.

11 — DU MÊME.

Paysage en partie boisé. Sur le premier plan, à gauche, une terrasse garnie d'arbres ; à droite, deux gros arbres au bas desquels un homme debout parle à un pêcheur placé à peu de distance d'une rivière qui vient du fond du tableau, et arrive sur le devant en passant à travers des rochers ; un pont traverse cette rivière sur laquelle est un bateau, et à son bord diverses fabriques.

Largeur, 58 cent.; hauteur, 48 cent. Tableau sur toile.

12 — GUASPRE POUSSIN (Gasparo Duchet, dit), né à Rome en 1613, mais originaire de Paris, mort en 1675, élève de N. Poussin.

Paysage. Près d'une route qui part du premier plan, on voit une butte boisée au pied de laquelle est assis un voyageur, ayant devant lui un levrier ; plus loin, à gauche, diverses fabriques et édifices en ruines; à droite du tableau s'étend la campagne où se voient des arbres, des maisons et une vieille tour : le ciel est clair avec quelques nuages.

Largeur, 65 cent.; hauteur, 45 cent. Tableau sur toile.

13 — ASSELYN (Jean), né à Anvers vers 1610, travailla en Italie, et mourut à Amsterdam en 1660, élève d'Isaac Ostade.

L'intérieur d'une cour. Un homme et une femme causent en regardant des ânes qui se mordent mutuellement. Sous la porte d'une ferme, d'où s'aperçoit la campagne, un troisième âne; sur le devant du tableau, des feuillages et broussailles. Les figures sont attribuées à André Both. (*Collection Beauclas.*)

Largeur, 22 cent.; hauteur, 20 cent. Tableau sur cuivre.

14 — ZUCCHERO (Frédéric), peintre italien, né à San Anguelo in Vado, dans le duché d'Urbin, en 1543, mort en 1619.

Vénus et Adonis. Dans un paysage, la déesse debout et entièrement nue, soutient d'un bras son amant qui se meurt; aux pieds de la déesse deux colombes, et près d'elle l'Amour brisant son arc. Sur un plan plus éloigné, un fleuve couché sur une urne dont il sort de l'eau; un peu plus bas à droite, le sanglier qui a blessé Adonis, poursuivis par deux chasseurs.

Hauteur, 17 cent. 5 millim.; largeur, 12 cent. Tableau sur bois de forme ovale.

15 — TAUNAY (Nicolas-Antoine), peintre de paysage historique, né à Paris où il est mort en 1830.

L'Arracheur de dents. Monté sur des tréteaux où

il exerce publiquement son art, il montre d'une main une dent qu'il vient d'arracher avec la pointe d'un sabre qu'il tient de la main gauche; il dit aux différents spectateurs qui le regardent : *Sans douleur! Messieurs, sans douleur!* mais le patient dont il vient d'ébranler la mâchoire, montre clairement par ses grimaces, et les horribles contorsions qu'il fait, que le discours du charlatan ne s'accorde pas avec ses souffrances. Ce tableau est du meilleur faire du maître.

Largeur, 35 cent.; hauteur, 27 cent. Tableau sur bois.

16 — Du même.

Paysage de style agreste : il est boisé de montagnes dont une partie dépourvue d'arbres est éclairée par un coup de soleil. Au bas de ces montagnes règne une étendue d'eau qui tombe en nappe dans une rivière qui arrive jusqu'au premier plan, et vers laquelle paraissent se diriger une jeune fille assise sur un cheval, un homme à pied marchant auprès d'elle, suivi d'un chien, et entouré de vaches, moutons et chèvres. Un ciel accidenté de nuages éclaire ce riche paysage.

Hauteur, 36 cent.; largeur, 28 cent. Tableau sur toile.

17 — MOLENAER (Cornille), vivait à Anvers vers l'année 1540.

Vue du village de Scheveling, situé dans la province de Sud-Hollande, à quelque distance de La Haye. Sur le devant du tableau, plusieurs groupes d'hommes et de femmes qui s'entretiennent ensemble, et un peu plus sur le côté un homme à cheval et un chariot, du côté opposé. On aperçoit sur la gauche du tableau la mer et quelques barques à la voile ; la plage est couverte d'un grand nombre de personnages qui attendent les pêcheurs pour acheter du poisson. Ce tableau est signé *Molnaer* (1).

Largeur, 49 cent. ; hauteur, 35 cent. 5 millim. Tableau sur bois.

18 — NETSCHER (Constantin), le fils, né en Hollande en 1670, mort à La Haye en 1722.

Une bergère, une houlette à ses pieds, est assise dans un paysage de style agreste et boisé; près d'elle un homme lui parle et semble se disposer à jouer de la flûte. Ces deux personnages sont assis en avant d'un socle en pierre sur lequel on voit une statue représentant un centaure qui enlève une femme. On aperçoit près de ce monument un troupeau couché sous de grands arbres.

Hauteur, 51 cent. ; largeur, 43 cent. Tableau sur toile.

19 — MOOR (Carle de), né à Leyde en 1656, mort en 1738.

Portrait d'une jeune dame d'une physionomie

(1) Ce tableau fait voir Scheveling cent vingt ans après l'éruption de la mer en Hollande en 1420, et plus de cent ans avant le tableau de Van de Velde (n° 59) qui représente la même plage.

agréable, la tête ornée de plumes et d'une guirlande de perles qui retient ses cheveux blonds et bouclés; elle est vêtue d'une robe noire qui laisse la poitrine entièrement découverte, et qui est gracieusement retenue par une riche agrafe enrichie de pierreries. Tableau de forme ovale dans un cadre d'ébène.

Hauteur, 12 cent. 5 millim.; largeur, 9 cent. Tableau sur bois.

20 — CUYP (Albert), né à Dort en 1606.

Intérieur d'Eglise de protestants. A droite une chaire à prêcher, en avant de laquelle marche un cavalier conduisant une dame; ils sont précédés d'un chien. Derrière eux un autre homme, et sur des plans plus éloignés divers autres personnages sont répandus çà et là entre les piliers de l'église. Le soleil qui se fait jour à travers deux croisées bordées de vitraux, éclaire ce tableau d'une manière brillante. (*Collection de Lebrun.*)

Hauteur, 46 cent. 5 millim.; largeur, 39 cent. Tableau sur bois.

21 — LINGELBACK (Jean), né à Francfort en 1625, mort à Amsterdam en 1687.

Campement de cavalerie. On voit à droite plusieurs tentes dont une est plus avancée, au devant de laquelle on remarque un cheval blanc sellé ayant sur le dos une draperie rouge. A peu de distance sont des cavaliers et des soldats dont la plupart jouent, causent ou s'amusent à boire. En avant du cheval blanc, on voit assis à terre un homme ayant auprès de lui deux chiens dont un est couché. Sur la gauche on distingue un soldat qui porte son fusil et se rend au camp. Le fond de ce tableau est animé d'hommes, de chevaux répandus çà et là; il est terminé par des montagnes, et signé Lingelback.

Largeur, 29 cent. 5 millim.; hauteur, 21 cent. 5 millim. Tableau sur bois.

22 — BREEMBERG (Bartholomé), né à Utrecht en 1620, mort en 1660.

Le Frappement du rocher. A gauche, dans un paysage agreste et montueux, Moïse frappe le rocher; il est entouré d'un grand nombre de personnages, les uns en admiration, les autres surpris d'étonnement; plusieurs d'entre eux s'occupent à recevoir ou à puiser de l'eau dans des vases, tandis que d'autres personnages étanchent leur soif avec avidité, parmi quelques femmes qui donnent à boire à de jeunes enfants. On remarque aussi un cheval, un âne et quelques chèvres. Importante composition du maître sous le rapport du nombre des figures et de leur parfaite exécution.

Largeur, 45 cent.; Hauteur, 34 cent. Tableau sur cuivre.

23 — WALSCAPEL (Jacob Van), peintre hollandais.

Bouquet de fleurs composé de roses blanches, de

roses jaunes, de pavots, de campanules, d'œillets, de jacinthes, d'œillets d'Inde, etc. ; différents insectes, tels que mouches, papillons, hannetons, se voit sur ce bouquet qui est placé dans un vase de pierre de couleur grise, placé sur une table de même couleur que le vase. Bon tableau, signé *Walscapel*.

Hauteur, 75 cent. ; largeur, 58 cent. Tableau sur toile.

24 — MIEL (Jean MEEL ou), né près d'Anvers en 1599, mort à Turin en 1644.

La mort d'Abel. Adam à genoux près du corps d'Abel, témoigne son étonnement et sa douleur. Dans l'éloignement Caïn fuit épouvanté en entendant les reproches de l'Éternel qui apparaît placé dans des nuages. A droite, le troupeau et le chien d'Abel. Des montagnes en partie boisée au bas desquelles coule une rivière, garnissent le fond du paysage. Ce tableau est d'une couleur transparente et agréable, et la composition rappelle André Sacchi dont Miel était élève.

Hauteur, 43 cent.; largeur, 32 cent. Tableau sur cuivre.

25 — NETSCHER (Gaspard), né à Prague en 1639, mort à La Haye en 1684.

Le jeune joueur de bulle de savon. Il est appuyé sur l'entablement d'une table en pierre, sur laquelle on voit un tapis de Turquie ; un chandelier et des vases d'argent de différentes formes sont placés sur ce tapis.

Hauteur, 30 cent.; largeur, 24 cent. Tableau sur toile.

26 — MOUCHERON (Frédéric), né dans la ville d'Embden en 1660, mort à Amsterdam en 1686.

Paysage d'un site montagneux entrecoupé par quelques plaines et terminé par des montagnes : on aperçoit plusieurs fabriques, des arbres et des broussailles placés çà et là. On voit sur le devant du tableau un pont construit sur une rivière. Un paysan tenant sous son bras un agneau, traverse ce pont; il est précédé de deux vaches et de quelques brebis. En avant, au premier plan, un tertre où se voit un grand arbre, dont les rameaux s'étendent sur le milieu du ciel. Les figures sont de Lingelback.

Hauteur, 40 cent.; largeur, 32 cent. Tableau sur bois.

27 — MIERIS (Guillaume Van), né à Leyde en 1662, mort en 1747. Elève de son père FRANÇOIS MIERIS.

Personnage à mi-corps et coiffé d'une espèce de toque ornée de deux plumes; il est vêtu d'une veste de satin orange. Sa figure exprime un contentement bachique d'avoir goûté la liqueur que contenait le verre épais qu'il tient de la main gauche.

Hauteur, 15 cent.; largeur, 14 cent. 5 millim. Tableau sur bois de forme ovale.

28 — VITRINGA. Peintre hollandais.

Une mer agitée, d'une grande étendue, sur laquelle on voit quelques navires à la voile et plus près une barque dont les matelots amènent la voilure dans la crainte du vent, causé par un grain qui s'étend à l'horizon. On distingue sur la droite une pointe de terre couverte d'arbres et de chaumières.

Largeur, 57 cent.; hauteur, 48 cent. Tableau sur toile.

29 — BERKEYDEN (Guérard), né à Harlem en 1643, mort dans la même ville en 1693.

Vue de l'hôtel de ville d'Amsterdam. Le peintre a représenté le moment où les négociants hollandais sortent de la bourse. Différents personnages sur le devant du tableau, parmi eux on remarque un Turc. On voit à gauche du tableau plusieurs maisons hollandaises, et une longue rue, à droite une église et le lieu où l'on pèse les marchandises.

Largeur, 89 cent.; hauteur, 73 cent. Tableau sur toile.

30 — NEEFFS (Pierre ou Peters), né à Anvers vers 1570. Elève de Steenwich père.

Intérieur d'une église de Hollande, vue à la nuit. On voit au premier plan et se dirigeant à gauche vers une sortie de l'église, une dame de distinction suivie de plusieurs filles de chambre et précédée de trois valets portant des flambeaux qui éclairent tout ce côté de l'église. Dans les différentes parties de l'édifice, plusieurs autres personnages et prêtres, dont un suivi d'un homme portant un flambeau, qui éclaire le fond de l'église et fait apercevoir le maître-autel et les candelabres qui sont placés dessus. Bon tableau du maître.

Largeur, 48 cent. 5 millim.; hauteur, 37 cent. 5 millim. Tableau sur bois.

31 — SORG ou ZORG (Henri Rokes), né à Rotterdam en 1621, mort en 1682.

Intérieur d'une chambre, dans laquelle sont assis un homme et une femme, devant une table couverte de gâteaux et de fruits, l'homme tient une pipe d'une main et de l'autre un pot d'étain. Il regarde en riant la femme qui est vis-à-vis de lui et semble l'engager à boire; celle-ci a la main droite posée sur sa poitrine et tient de la gauche son verre renversé et posé sur son tablier. Bon tableau, dont la composition et la parfaite exécution rappelle le faire d'Adrien Van Ostade.

Hauteur, 27 cent. 5 millim.; largeur, 23 cent. Tableau sur bois.

32 — BEGA (Cornille), né à Harlem vers 1620, mort de la peste dans la même ville en 1664.

Le paysan musicien. Il est assis tenant à la main un flacon, il chante et regarde une femme appuyée sur un banc, tenant un pot de bière. On voit sur ce même banc, un violon et par terre un trictrac renversé et un balai. Un peu plus loin causent des paysans assis sur un banc. Ce bon tableau, qui est signé, porte la date de 1661. Il provient du précieux cabinet de Van Leyden.

Hauteur, 35 cent.; largeur, 30 cent. Tableau sur bois.

33 — WYNANTZ (Jean), né à Harlem vers 1600, mort en 1670.

Paysage. Une butte élevée et boisée portant ombre sur un chemin, près duquel on voit une mare d'eau, forme la partie la plus rapprochée du spectateur. On voit au delà de cette butte un éboulement de terre éclairée par un coup de soleil et dominée par deux grands arbres. Sur la droite du tableau une plaine bordée d'arbres et à l'extrémité quelques maisons. Au premier plan et dans le fond quelques figures de Lingelback animent ce paysage.

Hauteur, 35 cent.; largeur, 32 cent. Tableau sur toile.

34 — DU MÊME.

Paysage, où se voit un paysan et une paysanne, des moutons, des vaches et un chien, sur un chemin qui est sur un monticule couvert de quelques broussailles, et qui occupe la partie la plus avancée de la composition. Au delà de ce monticule une prairie ombragée par trois grands arbres, et plus loin quelques édifices. A droite on découvre un chemin et une plaine terminée par des arbres, des maisons, et plus loin par une montagne. (*Collection Fabre*.)

Largeur, 38 cent.; hauteur, 31 cent. Tableau sur bois.

---

35 — POELEMBURG (Corneille), né à Utrecht en 1586, mort dans la même ville en 1660, élève d'ABRAHAM BLOEMAERT.

Paysage agreste, dans lequel on voit, sur le premier plan, trois femmes nues, dont une couchée sur des draperies. A peu de distance derrière elles, trois autres femmes cachées en partie par le terrain. Sur un plan plus élevé diverses autres figures, pâtres et animaux; au delà s'élève un monticule couronné de ruines assez considérables et entourées d'arbres et d'arbrisseaux. A droite on distingue sur une hauteur des habitations; des montagnes lointaines et bleuâtres terminent l'horizon. Le ciel est azuré et accidenté de légers nuages. Ce tableau fin de ton, d'une couleur transparente et suave, est du meilleur faire du maître. Il provient du duc d'Albert.

Largeur, 34 cent.; hauteur, 26 cent. Tableau sur bois.

---

36 — VELDE (Willem ou Guillaume Van den), né à Amsterdam en 1633, mort à Londres en 1707.

Marine par un temps calme. Sur le premier plan d'une grande étendue de mer, on voit un petit bateau avec des hommes dont l'un retire son filet. Sur le second plan une grande embarcation est mouillée, la voile est serrée le long du mât, il n'y a que la cinadière qui est déferlée. Ce bateau porte le pavillon hollandais à l'arrière, et traîne après lui un petit canot. Les matelots paraissent occupés principalement avec ceux d'un autre bateau de moyenne grandeur qui est à côté du premier bateau. La grande voile du moyen bateau est amenée, un seul foc est debout. Sur le troisième plan un grand navire sous voile : on distingue une rangée de canon dont un vient de tirer, et dont on aperçoit le feu et la fumée glissant sur les eaux, plusieurs embarcations entourent ce navire. Sur le quatrième plan, un vaisseau de guerre est en panne, à l'arrière un bateau à voile, et à l'avant au loin des terres et des embarcations. Ces différents objets qui occupent presque tout le centre du tableau se reflètent sur une eau transparente et se détachent sur un ciel clair accidenté de légers nuages. Ce tableau est remarquable par une finesse de tons et une précieuse exécution. Il est un des meilleurs ouvrages de Guillaume Van de Velde, dont les productions sont très rares.

Largeur, 38 cent.; hauteur, 32 cent. Tableau sur toile.

---

37 — HOBBÉMA (Minder-Hout), vivait en 1662. On le considère généralement comme le maître de Ruisdaël.

Paysage de la Hollande, offrant un chemin tourpant, bordé à droite et à gauche d'arbres variés. Dans la demi-teinte, et sous des bouquets d'arbres, on aperçoit une chaumière, on remarque aussi quelques voyageurs. Ce paysage, représentation fidèle de la nature, est touché avec esprit dans toutes ses parties, et brille par ces effets larges et décidés qui font le caractère distinctif des productions d'Hobbéma. Ce tableau, qui est signé M. H., vient du cabinet Denon, au catalogue duquel nous empruntons la description.

Largeur, 38 cent.; hauteur, 31 cent. Tableau sur bois.

38 — VELDE (Adrien Van den), né à Amsterdam en 1639, mort en 1672.

Vue de la plage de Schevelingen, village situé dans la province de Sud-Holland, à quelque distance de La Haye. Cette plage, que la mer en se retirant a laissée à découvert, est d'une grande étendue. A gauche, au premier plan, un bateau à sec à la mer basse et sur lequel est assis un matelot; un peu plus près les traces d'un chemin pour les voitures, et des Hollandais de distinction dont un est accompagné d'une dame et suivi par un chien. A droite une barque sur le sable, et plusieurs personnages assis sur la grève, un pêcheur et un cavalier garnissent le milieu du tableau. Sur un plan plus éloigné, au bord de la mer, une voiture à quatre chevaux et divers personnages. Le fond représente les dunes et le clocher de Schevelingen. Cette bonne production du talent d'Adrien

Van den Velde rappelle celui du Musée royal, représentant la même plage. (*Ancienne collection Steevens d'Anvers.*)

Largeur, 43 cent.; hauteur, 35 cent. Tableau sur toile.

39 — HEYDEN (Jean Van der), né à Gorcum en 1637, mort à Amsterdam en 1712.

Vue d'une place publique d'une ville de Hollande. Sur le premier plan de cette place qui est pavée, se voient auprès d'un mur peu élevé une jeune fille et deux petits garçons jouant au cerceau. A droite une rangée d'arbres en avant d'édifices en briques de diverses constructions. Le long de ces bâtiments sont plusieurs figures dont une femme avec une brouette; un peu plus loin divers autres personnages sortant des rues voisines. A la gauche du tableau, un édifice peu élevé, précédé d'une sorte de tour surmontée d'une croix, termine cette place animée par dix-huit personnages. Un ciel clair et brillant complète cet agréable tableau d'un maître dont les productions sont rares.

Largeur, 39 cent.; hauteur, 34 cent.

40 — BACHUYSEN (Ludolp ou Louis), né dans la ville d'Embden en 1631, mort à Amsterdam en 1709, élève d'Everdingen.

Vue du port d'Amsterdam. En avant en mer, au premier plan à gauche, une grande embarcation, dont une dame et deux personnages occupent le derrière; le timonier tient la barre, tandis qu'un matelot s'occupe de hisser la voile. A peu de distance, une chaloupe s'avance, des femmes rament avec vigueur, pendant que trois hommes, assis à l'avant, causent et fument tranquillement. Sur le second plan, à bas bord, est un gros vaisseau de guerre mouillé sur une bouée, dont les batteries sont dégarnies et les mâts en partie amenés; sa chaloupe est à la traîne, ainsi que celle d'un autre vaisseau de guerre dont on ne voit que la poupe qui cache en partie un petit bâtiment sous voile et portant pavillon hollandais. Au troisième plan, diverses embarcations et un vaisseau de guerre ses canons en batterie; il paraît être sur son départ, et se tient sous ses huniers vent dessus vent dedans. Ce vaisseau est en panne, sa chaloupe à la traîne, et son pavillon déployé, apparemment pour faire honneur au joli bâtiment sous voile qui prolonge son arrière, et pour lequel on tire le canon. Dans le fond, on distingue sur les quais des navires en chantier et les bâtiments de l'amirauté. Le ciel est serein et la mer calme. Ce tableau, d'un intérêt de localité, d'une grande richesse de détail, est une belle production du talent de cet habile peintre de marine. Il est signé et daté de 1682. Il vient du cabinet de M. Franken de Loke, amateur Hollandais.

Largeur, 69 cent.; haut., 49 cent. Tableau sur toile.

41. — POTTER (Paul), peintre hollandais, né à Enchuysen en 1625, mort à Amsterdam en 1654.

Deux vaches et un veau se voient vers la droite

sur un terrain un peu élevé, la première de ces vaches est debout, la seconde couchée et près d'elle le veau est étendu de son long. Derrière ces animaux s'élève l'arbre que l'on remarque le plus souvent dans les tableaux de Potter. Au bas du terrain s'étend une masse d'eau sur laquelle sont trois canards. A peu de distance, en retour, on voit un bateau avec une jeune fille. A gauche du tableau, une grande plaine bornée à l'horizon par des arbres et quelques habitations. Ce tableau, porte la signature de *Paul Potter, 1646*.

Hauteur, 43 cent.; largeur, 30 cent. Tableau sur bois.

42 — WEENINX (Jean-Baptiste), né à Amsterdam en 1621, mort près d'Utrecht en 1660.

Les Vendeurs chassés du temple. Sous une grande arcade qui ferme la partie supérieure du tableau, on aperçoit une colonnade à moitié ruinée, quelques maisons et une colonne surmontée d'une statue. Plus loin un temple de forme ronde, auquel on monte par un escalier en pierre. En avant et sur les marches d'un grand escalier se voit Jésus-Christ, qui, la main étendue, ordonne aux marchands de sortir du temple. Des hommes de tous les pays et habillés de différentes manières sont occupés à régler des comptes et forment divers groupes. Sur le devant, à droite de la composition, un jeune homme assis tient un paon; il a auprès de lui deux levriers et un épagneul qui aboie après un cerf mort étendu sur une pierre.

A gauche, une femme donne à téter à un enfant et parle à un homme appuyé sur un âne, et qui paraît être le maître d'un troupeau, près de lui. On voit plus loin une jeune fille montée sur un âne et causant avec deux hommes. On distingue dans le fond les murailles d'une ville et un port rempli de navires, dont quelques uns ont les voiles déferlés. Ce beau et capital tableau est signé *Weeninx*, sur le livre que tient un homme assis à côté d'un personnage qui est habillé à la manière asiatique (1).

Largeur, 1 mètre 18 cent.; hauteur, 93 cent. Tableau sur bois.

43 — TENIERS (David) le jeune, né à Anvers en 1610, mort à Bruxelles en 1694.

Intérieur d'une maison rustique. Auprès d'une cheminée, plusieurs paysans, les uns assis les autres debout, paraissent occupés à chanter ou à boire. A gauche, un homme monte à l'échelle près de laquelle se voient un tonneau et un chaudron. Dans le fond, auprès d'une porte qui donne sur une cour, on voit un homme qui entre dans la maison. Divers accessoires, un petit chien, deux poulets, animent ce tableau d'une touche fine et spirituelle et du meilleur faire du maître. Il est signé et provient de MM. de *Boullogne et Lapérière*.

Largeur, 56 cent.; haut., 42 cent. Tableau sur bois.

(1) Ce tableau justifie la note de Le Brun, dans son ouvrage des peintres flamands (t. 1er, p. 44), où il dit : « Les œuvres de Jean-Baptiste Weeninx sont fort rares. La vérité, la force, la fraîcheur, caractérisent ses ouvrages, surtout dans les tableaux d'une grande dimention, qui étaient ceux auxquels J.-B. Weeninx se plaisait le plus. »

44 — BERGHEM ou BERCHEM (Nicolas), né à Harlem en 1624, mort dans la même ville en 1683, élève de Van Haerlem, son père, de Van Goyen et J.-B. Weeninx.

Edifices en ruine, en avant desquels, au premier plan, on voit deux vaches, l'une brune, l'autre noire, un homme assis sur un cheval noir, vêtu d'un manteau écarlate, suivi d'un homme marchant à pied, un paquet sous le bras. Un chien, qui est avant, aboie après une des vaches et un chien noir qui viennent de passer à gué une rivière, sur laquelle on voit une femme, des vaches et des moutons. Un homme conduit deux mulets dont l'un est chargé, en passant sous un pont attenant aux édifices en ruine. Dans le lointain, quelques maisons d'un village, une église, une tour près du rivage et des montagnes bordent l'horizon. Tous ces différens objets se détachent vigoureusement sur un ciel clair avec quelques légers nuages. Ce tableau, d'une bonne et franche exécution, est signé *Berghem*. Il vient du cabinet de M. Franken de Loke, amateur hollandais.

Largeur, 65 cent.; hauteur, 44 cent. Tableau sur bois.

---

45 — GREUZE (Jean-Baptiste), né à Tournus en 1726, mort à Paris en 1805.

Jeune fille vue à mi-corps. Elle paraît invoquer le ciel; des larmes roulent dans ses yeux et indiquent la plus vive affliction; sa tête est découverte, un simple ruban rougeâtre retient ses cheveux; une robe blanche, et un morceau d'étoffe jaunâtre couvrent ses épaules et ses bras, dont on ne voit qu'une partie. Il est impossible de rendre avec plus de sentiment et de vérité la douleur, et en voyant cette tête on se sent profondément ému.

Hauteur, 46 cent.; largeur, 38 cent. Tableau sur toile.

---

46 — NEER (Arthur Van der), né, suivant Le Brun, à Amsterdam en 1619, mort en 1683.

Canal glacé, au bord duquel, de chaque côté, sont des habitations et des arbres dépouillés de leurs feuilles, dont plusieurs se voient au premier plan. Sur ce canal un grand nombre de patineurs; parmi, plus en avant, deux paysans traînant et poussant un espèce de traîneau chargé de bois et broussailles sèches. Ce tableau se recommande, par sa couleur transparente, le fini de son exécution, et le ton clair et argentin qui règne dans ces effets d'hiver et de jour qui sont très rares, Van der Neer ayant plus particulièrement représenté des effets de clair de lune et de soleil couchant.

Largeur, 51 cent.; hauteur, 42. Tableau sur toile.

---

47 — WOUWERMANS (Philippe), peintre hollandais, né à Harlem en 1620, et mort dans la même ville, en 1668.

Paysage agreste et montueux, dans lequel on voit

un cheval blanc qui pisse. Derrière ce cheval est un pâtre endormi près d'un tertre garni de deux troncs d'arbres ayant quelques feuilles ; auprès de lui une cruche, un bâton et un morceau de linge blanc. Sur le premier plan un gros tronc d'arbre étendu sur le sol.

Hauteur, 35 cent.; largeur, 29 cent. Tableau sur toile.

---

48 — DU MÊME.

Près d'une chaumière rustique, un voyageur arrêté, debout, regardant son cheval, auquel un garçon d'écurie donne à boire. Plus loin, à droite, arrive un paysan, à moitié caché par les sinuosité du terrain.

Hauteur, 35 c.; largeur, 30 c. Tableau sur bois.

---

49 — RUISDAEL (Jacques), né à Harlem en 1635, mort à Amsterdam en 1681.

Campagne, située en dehors de la ville d'Amsterdam, dont on distingue les principaux édifices éclairés par un coup de soleil. On voit du côté de la campagne les fortifications de la ville et un pont d'une douzaine d'arches, construit sur l'Amstel, rivière qui baigne de deux côtés les murailles de la ville, et sur laquelle on aperçoit plusieurs bateaux à la voile de différentes grandeurs. Deux jetées prolongent de chaque côté la rivière et forment un canal, sur lequel ou a construit des petits ponts en bois pour faciliter la communication; on voit dans la campagne plusieurs maisons de paysans et différents bouquets d'arbres; le ciel est clair, quoique très chargé de nuages. (*Collection Thévenin.*)

Largeur, 65 cent.; hauteur, 48 cent. 5 millim. Tableau sur toile.

50 — DU MÊME.

Paysage entièrement boisé. On voit à droite, sur le premier plan un chemin qui conduit à une barrière en bois, derrière laquelle un maçon travaille à la construction de murailles en brique; à gauche, une porte à bascule en bois et diverses maisons entourées d'arbres de tous côtés. Le ciel est clair, avec quelques nuages. (*Collection Le Brun.*)

Largeur, 35 cent.; hauteur, 32 cent. Tableau sur bois.

51 — POTTER (Paul).

Une truie étendue par terre et barrant entièrement l'entrée d'une petite cabane en bois, d'où un cochon semble vouloir sortir; à gauche, appuyé à la cabane, un gros arbre; et plus loin, un paysage garni d'arbres, auprès desquels paissent des vaches et quelques moutons; plus loin, plusieurs maisons, et dans le lointain, un clocher et divers édifices. Ce tableau, d'une touche très fine et moelleuse, est signé: *P. Potter*, 1649.

Largeur, 25 cent. 5 millim.; hauteur, 21 cent. Tableau sur bois.

52 — TENIERS (David).

Au devant d'une maison, deux hommes assis à une table, et près d'eux un homme qui est debout et qui fume; de l'autre côté, un homme également debout, tient d'une main une cruche, et de l'autre un verre plein de vin, qu'il montre à un quatrième personnage, qui paraît disposé à lancer un palet sur une table en bois posée sur trois pieds. Le fond du paysage est garni d'arbres, et paraît traversé par un ruisseau. Ce petit tableau, librement et spirituellement fait, est signé du monogramme de Teniers.

53 — DU MÊME.

Saint Pierre et saint Paul, premiers ermites : ils sont assis à l'entrée d'une grotte et regardent un corbeau qui vole vers eux, portant dans son bec un pain rond.

Hauteur, 21 cent. 3 millim.; largeur, 16 cent. Tableau sur cuivre.

54 — OMMEGANCK, mort à Anvers, sa patrie, le 18 janvier 1826.

Paysage au premier plan duquel est un bélier debout près de deux brebis qui sont couchées sur l'herbe dans une prairie et à peu de distance d'une mare d'eau. Sur un plan plus éloigné, à gauche, un paysan chasseur, le fusil sur l'épaule, et qui paraît marcher à grands pas : il est suivi de deux chiens de chasse ; à droite, dans le lointain, quelques arbres, deux vaches qui paissent, et plusieurs fabriques terminent l'horizon. Une montagne d'un ton bleuâtre et boisée en partie, ferme le paysage en se perdant sur un ciel pur parsemé de légers nuages dorés. Signé, *Ommeganck* 1807.

Hauteur, 25 cent. 5 millim.; largeur, 22 cent. Tableau sur bois.

55 — DIETRICH (Chrétien-Guillaume-Ernest), peintre allemand, né à Weimar en 1712, mort à Dresde en 1774.

Le corps mort de Jésus-Christ est étendu à terre, la tête soutenue sur les genoux de la Vierge qui est plongée dans la plus grande tristesse. La Madeleine, un genou en terre, les bras étendus, contemple cette scène de douleur; plus loin, saint Jean embrasse affectueusement une des mains de son maître : plusieurs saintes femmes témoignent de leur douleur. Un des apôtres de Jésus, placé en arrière du Christ, paraît observer plusieurs personnages qui sont à l'entrée de la grotte, dont l'ouverture laisse apercevoir le ciel qui semble s'obscurcir. Au premier plan, un plat, un linge, une couronne et les trois clous qui ont servi à attacher Jésus-Christ sur la croix. Ce tableau, signé Dietrich, porte la date de 1734.

Largeur, 81 cent.; hauteur, 75 cent. Tableau sur toile.

56 — CARABAJAL ou CARBAJAL (Louis), pein-

tre espagnol, né dans la ville de Tolède dans l'année 1534, et mort en 1613.

La Madeleine. Elle est assise devant une table en pierre, tenant dans ses mains une tête de mort, posée sur un livre ouvert ; à gauche, une croix et un vase d'or. Tableau d'une belle couleur.

Hauteur, 97 cent.; largeur, 71 cent. Tableau sur toile.

57 — VERNET (Claude-Joseph), peintre français, né à Avignon en 1714, mort à Paris en 1789.

Marine. Un navire, presque à sec de voiles, cherche à entrer dans le port sous la seule voile de misaine dont les écoutes sont larguées vu la force du vent. On aperçoit dans le fond du tableau plusieurs édifices, un phare, les mâts des navires qui sont dans le port, et plus loin la côte qui se prolonge, et sur laquelle le soleil commence à donner, le ciel qui est très chargé sur le devant s'éclaircissant dans le fond. Au premier plan, quelques matelots s'efforcent de gagner le rivage à l'aide de quelques pièces de bois ; un homme, monté sur un rocher, se dispose à leur jeter des cordes. Au premier plan, à droite, un voyageur, à genoux, remercie le ciel de lui avoir sauvé la vie. *Collection de Pernon de Lyon.*

Largeur, 65 cent.; hauteur, 44 cent. 5 millim. Tableau sur toile.

58 — DEMARNE (Jean-Louis), né à Bruxelles en 1752, mort à Paris en 1829.

Vue d'un canal situé près Paris. A droite, une tour au bas de laquelle est amarré un grand bateau chargé de marchandises et de tonneaux, que des mariniers sont occupés à décharger, tandis que d'autres parlent aux gens de la maison voisine ; plus loin, un bateau où sont plusieurs passagers et divers animaux, traverse le canal. A gauche, dans le lointain, un édifice qui porte un télégraphe. Ce tableau, du bon temps du maître, a été exposé au salon.

Largeur, 57 cent.; haut, 47 cent. Tableau sur toile.

---

59 — TAUNAY (Voyez les n°[s] 15, 16.)

L'embarcation. Par un temps serein et une mer calme, une jeune personne au moment de s'embarquer dans un petit bateau, est aidée par le batelier et soutenue par un cavalier qui l'accompagne. Dans le lointain, une tour.

Hauteur, 23 cent. ; largeur, 19 cent. Tableau sur toile.

---

60 — DU MÊME.

Les brigands. Dans l'intérieur d'une forêt, deux voleurs ont saisi une jeune femme, mais semblent s'inquiéter au bruit que fait un cavalier qui accourt aux cris qu'il entend.

Hauteur, 23 cent.; largeur, 19 cent. Tableau sur toile.

* Ces deux tableaux font pendant.

61 — BOILLY (Louis Léopold), né à La Bassée (Nord) en 1761, mort à Paris en 1845.

Intérieur de famille. Dans une chambre éclairée par une seule fenêtre, une femme assise fait la lecture; devant elle, un petit enfant, et un autre derrière, qui s'amuse à monter sur un chien. Plus loin, deux femmes assises, dont une ayant près d'elle un petit enfant, et deux jeunes garçons écoutent attentivement la lecture. A droite du tableau, divers ustensiles de ménage sont répandus sur le plancher. Au bas, à gauche, la signature du maître.

Largeur, 40 cent. 5 millim.; hauteur, 32 cent. Tableau sur toile.

---

62 — SWEBACK, dit FONTAINE (Jacques), peintre de genre et de batailles, mort à Paris en 1823.

Passage d'un pont par différents personnages à pied et à cheval; les uns sont arrêtés, tandis que d'autres à genoux font leurs prières devant une petite figure de madone placée dans une niche sur le milieu du pont. A gauche de cette scène, de l'autre côté de la rivière, une campagne très étendue et coupée par plusieurs bouquets d'arbres : on y distingue un berger, son chien et son troupeau.

Largeur, 39 cent.; hauteur, 31 cent. Tableau sur toile.

---

63 — DU MÊME.

Départ pour la Palestine. Un chevalier couvert

d'une cuirasse et tenant une lance à la main, semble faire ses adieux à une châtelaine assise près de lui, et qui paraît très affligée; un petit garçon qui pleure ; une fille de chambre qui tient une écuelle d'argent ; deux hommes regardant une carte fixée sur la muraille; un homme assis sur le bas d'une croisée; et sur le devant un casque et autres accessoires ornent et animent ce charmant petit tableau d'intérieur. Signé : *Sweback*, 1811, année à laquelle il a été exposé au Salon.

Largeur, 32 cent.; hauteur, 24 cent. Tableau sur toile.

64 — SASSO FERRATO (Jean-Baptiste Salvi, dit), né à Sasso Ferrato en 1605, mort en 1685. (Ecole romaine.)

La sainte Vierge vue à mi-corps, contemplant, les mains jointes, son fils endormi et couché sur un lit ; deux chérubins, placés dans l'angle droit du tableau, considèrent cette scène touchante.

Longueur, 46 cent.; hauteur, 35 cent. Tableau sur toile.

65 — VÉRONÈSE (Turchi, autrement l'Orbetto, dit Alexandre), né à Vérone vers 1580, mort en 1650.

L'adoration des mages. La Vierge, assise à droite, présente l'enfant Jésus à l'un des rois mages, qui est à genoux, la tête découverte et suivi d'un page, qui porte un vase; les deux autres rois, dont un est noir de visage, sont debout la couronne sur la tête. Une suite nombreuse les accompagne,

Largeur, 46 cent.; hauteur, 32 cent. Tableau sur toile.

66 — VAN DEN VELDE (Willem ou Guillaume), né à Leyde en 1610, et mort à Londres en 1693.

Vue de mer très agitée. Sur le devant, une barque dont la voile est amenée par trois matelots. A peu de distance, est un bâtiment à trois mâts courant sous ses voiles basses. On distingue au loin quelques navires, et au fond du tableau une suite d'édifices, de tours et de maisons qui bordent une partie de l'horizon. Le ciel est chargé de nuages et indique un fort grain. Au premier plan, parmi les vagues, une planche sur laquelle on lit la lettre V.

Largeur, 15 cent.; hauteur, 11 cent. Tableau sur cuivre.

67 — REMBRANDT (attribué à Paul Van Ryn, dit), né près de Leyde en 1606, mort à Amsterdam en 1674.

Vieillard à grande barbe vu à mi-corps la tête couverte d'une toque. Ce tableau vient de la vente de M. Ménageot, peintre d'histoire, qui l'avait toujours considéré comme l'ouvrage de Rembrandt.

Hauteur, 20 cent.; largeur, 17 cent. 5 millim. Tableau sur bois.

68 — GUERCHIN (Jean-François Barbieri, dit le), né à Cento, près la ville de Bologne, dans l'année 1590, et mort dans l'année 1666.

Vieillard vu à mi-corps, il paraît assis et a la tête appuyée dans sa main droite, et paraît absorbé dans ses réflexions.

Autre vieillard, aussi à mi-corps, ayant la main gauche posée sur un livre ouvert et paraissant lire avec attention. Derrière ces tableaux le nom de Barbieri et la date 1653. Ils sont de forme ronde.

Diamètre, 12 cent. 5 millim. Tableau sur bois.

TABLE ALPHABÉTIQUE

DES NOMS DE MAITRES.

ASSELYN.................. 15
BACHUYSEN.............. 40
BEGA...................... 32
BERGHEM................. 44
BERKEYDEN.............. 29
BOILLY.................... 61
BREEMBERG.............. 22
BRIL....................... 8
CANALETTI............... 2
CARABAJAL.............. 56
CARLE DE MOOR........ 19
CUYP...................... 20
DEMARNE................. 58
DIETRICH................. 55
DUCHET, Voy. Guaspre Poussin.
GRIFF..................... 3
GREUZE................... 45
GUASPRE POUSSIN...... 12
GUERCHIN................ 68
HEYDEN (Van der)...... 39
HOBBÉMA................. 37
LINGELBACK............. 21
MIEL....................... 24
MICHALLON......... 10 et 11
MIERIS (Guillaume)..... 27
MOLENAER............... 17
MOOR, Voy. Carle.
MOUCHÉRON............. 26
NEEFFS (Peters)........ 30
NEER (Van der)......... 46
NETSCHER (Constantin).... 18

NETSCHER (Gaspard)...... 25
OMMEGANCK.............. 54
POELEMBURG............. 35
POUSSIN, Voy. Guaspre..... 12
POTTER (Paul)....... 41 et 51
REMBRANDT.............. 67
ROTTENHAMER........... 9
RUISDAEL.......... 49 et 50
SASSO FERRATO......... 64
SENAVE................... 1
SORGH.................... 31
STELLA (François)...... 4
STELLA (Jacques)....... 5
SWEBACK........... 62 et 63
TAUNAY...... 15, 16, 59 et 60
TENIERS......... 43, 52 et 53
TERBURG................. 7
VAN DEN VELDE (le vieux).. 66
VAN DEN VELDE (Guillem).. 36
VAN DEN VELDE (Adrien)... 38
VAN DER HEYDEN (Voy. Heyden).
VERNET................... 57
VÉRONÈSE (Alexandre)..... 65
VITRINGA................. 28
WALSCAPEL.............. 23
WEENINX................. 42
WOUWERMANS....... 47 et 48
WYNANTZ.......... 33 et 34
ZEEMAN................... 6
ZORG, Voy. Sorg.
ZUCCHERO............... 14

Imprimerie de Maulde et Renou, rue Bailleul, 9 et 11.

LE CABINET
DE
L'AMATEUR ET DE L'ANTIQUAIRE

REVUE MENSUELLE

PUBLIÉE PAR MM. EUGÈNE PIOT ET FRÉDÉRIC VILLOT.

3ᵘ Année.

Ce recueil paraît tous les mois par livraisons de trois feuilles (48 pages) grand in-4° avec planches et illustrations dans le texte. Outre des eaux fortes de MM. Eug. Delacroix, Th. Chasseriau, L. Meissonier, Émile Wattier, etc., nous citerons parmi les travaux déjà publiés les articles suivants :

Sur l'étude des vases antiques par M. Ch. Lenormant. — Des faussaires en médailles, Jean Cavino et Alex. Bassiano Padouans (1ʳᵉ *partie*), par M. de Montigny. — Considérations sur les graveurs en médailles et en pierres fines de l'antiquité, par M. Raoul-Rochette. — De l'architecture militaire au moyen âge, par MM. Merimée et Ab. Lenoir (*orné de 120 gravures sur bois*).

Histoire de la vie et des ouvrages de Bernard Palissy, par M. Eug. Piot. — Description de quelques monuments émaillés du moyen âge, par M. de Longperier. — Histoire des armes de guerre, Panoplie antique et moderne, par M. Granier de Cassagnac. — Traité d'orfévrerie de *Benvenuto Cellini*, traduit pour la première fois par M. Eug. Piot. — Histoire du verre et des vitraux peints, par M. L. Batissier. (*Travail étendu, orné de dix planches de vitraux coloriées.*) — Exposition de l'industrie française *Orfévrerie et fonte des bronzes*, par M. Fréd. Villot.

De la distinction des copies et des originaux en peinture, par M. Th. Gautier. — Réflexions sur la manière d'étudier la couleur, par J.-B. Oudry (*manusc. inédit*). — Hubert et Jean Van Eyck, par M. V. Schoelcher. — Journal de voyages, correspondances et mémoires inédits d'Albrecht Durer. — David Teniers, par M. Arsène Houssaye. — Claude Gelée, dit le Lorrain, par M. Eug. Piot. — Collection de tableaux de Charles Iᵉʳ, roi d'Angleterre, par M. Konrad. — Catalogue général des ouvrages de peinture exposés au salon du Louvre depuis l'origine en 1699 jusqu'à 1789.

Catalogues raisonnés des estampes gravées par Claude Lorrain, Raph. Morghen, Francisco Goya y Lucientes, Valentin Lefebre, etc., etc., et un grand nombre d'articles relatifs à la *biographie*, à la *numismatique*, aux *tableaux*, aux *estampes* anciennes, à la *curiosité*, et un *compte-rendu* très détaillé des *ventes publiques* de la France et de l'étranger. (Prix d'adjudication.)

ON S'ABONNE A PARIS, RUE LAFFITTE, 2.

Prix : Pour Paris, 20 francs; pour les départements, 22 francs.

DUCHATEL, Porteur de Catalogues,
Rue du Rocher, 13.

www.ingramcontent.com/pod-product-compliance
Lightning Source LLC
Chambersburg PA
CBHW050030230526
45470CB00003B/1206